Arte Islâmica

Arte na Idade Média

© 2013 do texto por Edna Ande e Sueli Lemos
Instituto Callis
Todos os direitos reservados.
1ª edição, 2013

TEXTO ADEQUADO ÀS REGRAS DO NOVO ACORDO ORTOGRÁFICO DA LÍNGUA PORTUGUESA

Coordenação editorial: Miriam Gabbai
Revisão: Aline T.K.M. e Ricardo N. Barreiros
Ilustração: Marco Antonio Godoy
Projeto gráfico e diagramação: Thiago Nieri
Crédito das imagens: Dreamstime (capa e pp. 13, 15, 17, 18, 19, 22, 24, 25, 26, 27 e 28); DIOMEDIA/Leemage (p. 8); Arquivo pessoal (pp. 11, 16, 20 e 23); DIOMEDIA/Impact Photos (p. 28); Domínio público (p. 30); Getty images (p. 31).

CIP-BRASIL. CATALOGAÇÃO-NA-FONTE
SINDICATO NACIONAL DOS EDITORES DE LIVROS, RJ

A557a

Ande, Edna
    Arte islâmica / Edna Ande, Sueli Lemos ; ilustrações Marco Antonio Godoy. - 1. ed. -
São Paulo : Instituto Callis, 2013.
    32 p. : il. ; 25 cm.   (Arte na idade média ; 3)

    Inclui bibliografia
    Sumário
    ISBN 978-85-98750-83-5

    1. Arte - Idade Média - História. I. Lemos, Sueli. II. Título. III. Série.

13-02876   CDD: 709
                               CDU: 7(09)

10/07/2013   10/07/2013

ISBN 978-85-98750-83-5

Impresso no Brasil

2013
Distribuição exclusiva de Callis Editora Ltda.
Rua Oscar Freire, 379, 6º andar • 01426-001 • São Paulo • SP
Tel.: (11) 3068-5600 • Fax: (11) 3088-3133
www.callis.com.br • vendas@callis.com.br

Edna Ande e Sueli Lemos

Arte na Idade Média

ARTE ISLÂMICA

callis

Sumário

Apresentação 7

Introdução 9

Povo unido por um ideal religioso 10

Arte islâmica 11

Arquitetura 12

    Arco islâmico 12

    Mesquitas 14

        Mesquita de Córdoba 15

        A Mesquita Azul 16

        Minarete 18

    Palácios 18

Algo a mais – O luxo do Palácio Topkapi 20

    Sala do Harém 20

Artes decorativas 21

    Arabescos 21

    Cerâmica 24

    Tapetes 25

    Caligrafia 26

        O ofício de calígrafo 27

    Iluminuras, um complemento da palavra escrita 29

Algo a mais – Louvre e as maravilhas da arte islâmica 31

Bibliografia 32

APRESENTAÇÃO

A Idade Média é um período de difícil definição, pois está situada entre a nostalgia da Idade Antiga e o orgulho da Idade Moderna.

A arte na Idade Média será mostrada dentro de um contexto histórico. Não aquele que muitos historiadores dizem ser a idade das trevas, mas, sim, um período de mudanças sociais e riquezas artísticas que nos levarão a perceber como as obras de arte influenciaram a sociedade dessa época.

Mostraremos como os povos desse período adaptaram novos métodos de arte às suas necessidades religiosas, já que a religião era o refúgio dos oprimidos.

Compararemos as diferenças que a arte apresenta em mil anos de Idade Média. Escolhemos esse caminho para estimular o leitor a pensar na importância da arte desse período dentro da história universal, percebendo e realizando as leituras das imagens por uma via de fácil entendimento.

Assim como fizemos na coleção "Arte na Idade Antiga", ler imagens continua sendo nosso objetivo. Seus significados, relacionados a sentimentos, pensamentos e percepções, desencadeiam discussões por meio de olhares distintos.

Também, não nos esqueçamos de que os artistas são grandes comunicadores por meio do visual; não necessitam das palavras, pois a iconografia é imediatista, muito rica e nos faz viajar.

Convidamos o leitor a nos acompanhar nesta viagem pela Idade Média e a decifrar os códigos de uma época tão misteriosa!

As autoras

Iluminura do século XVI, biblioteca do Palácio Topkapi, Istambul.

O que relata esta cena?
Quem são os personagens?
Por que o rosto de um dos personagens foi ocultado?

Introdução

No período que corresponde à Idade Média Ocidental, para os árabes convertidos ao islã, a natureza estava impregnada do mistério divino. Nela ocultavam-se os desígnios do Todo Poderoso e, ao apreender sua lógica e seus segredos, o fiel aproximava-se de Alá.

Essa visão contribuiu para que os árabes demonstrassem profundo respeito por toda forma de conhecimento e, em função disso, procurassem absorver dos povos conquistados seus saberes, técnicas e formas de expressão artística. Entretanto, os árabes não se limitaram a reproduzir mecanicamente aquilo que assimilaram. Foram capazes de forjar uma cultura complexa e original, na qual a arte teve sempre um papel central.

Embora quase desprovida de representações figurativas, as artes visuais islâmicas são de uma riqueza estonteante, produzindo uma enorme diversidade de cores e formas a partir da combinação de elementos geométricos e florais. A beleza de sua tapeçaria, de sua arquitetura, de sua caligrafia, de sua cerâmica – só para citar alguns poucos exemplos – é prova viva do refinamento desse povo, que tantas contribuições deixou para o Ocidente.

A despeito da enorme influência islâmica na cultura ibérica, poucos são aqueles que, no presente, conhecem o islã para além dos estereótipos e simplificações difundidos pela mídia ocidental. Entre nós, tende a prevalecer uma visão negativa do mundo islâmico e de sua cultura, que urge desconstruir. Para isso, a publicação de um livro que procura guiar o olhar do leitor pelas delicadas curvas dos arabescos, pelas paredes coloridas das mesquitas e pelas ondulações mágicas da caligrafia árabe é de extrema importância. É no contato com essa arte que o leitor poderá encontrar a expressão mais profunda e sublime de uma civilização milenar.

Anna Cristina C. M. Figueiredo
Mestre em História Social pelo Dep. de Hist. da FFLCH/USP

POVO UNIDO POR UM IDEAL RELIGIOSO

O grande profeta Maomé relatou que, em uma de suas viagens, teria recebido a revelação de um anjo e a missão de pregar os preceitos básicos que constituem o islã, essas orientações religiosas e dogmáticas seguiam a um Deus único e universal, que uniu diversos povos por meio da religião.

Por volta do século VI, os árabes viviam em uma região desértica e com ausência de grandes rios; estavam voltados para o Mar Vermelho, Oceano Índico e Golfo Pérsico.

Nessa região se concentravam várias tribos. Em uma delas, nasceu um homem chamado Maomé que, aos 40 anos, recebeu uma visão do anjo Gabriel com uma mensagem de Deus: Maomé deveria dizer ao povo de Meca que cessasse com a adoração de ídolos e aceitasse Alá como deus único e verdadeiro (como vemos na iluminura da página 8).

Os habitantes de Meca demoraram anos para dar ouvidos a Maomé. Para fugir da perseguição do povo, que não aceitava a pregação contra seus deuses, Maomé se refugiou com sua família na cidade de Medina, em 622, onde fundou a sua primeira comunidade religiosa e se tornou o chefe político da cidade. Tal data marcou o início do calendário muçulmano, ou calendário da Hégira – que significa partida.

Em árabe, muçulmano quer dizer "fiel", todo aquele que aceita o islã. Os muçulmanos se guiam pelos princípios enunciados oralmente por Maomé e encerrados no livro sagrado, o *Alcorão*, no qual Maomé teria deixado também uma série de preceitos morais e civis.

Os pilares da prática do islã são a estrutura da vida do muçulmano; baseiam-se na resignação, esmola, jejum, peregrinação e oração diária.

Em dez anos de pregação até a sua morte, Maomé unificou a maioria das tribos árabes e organizou um poderoso exército para converter os infiéis. Seus sucessores, os califas, deram início a uma série de conquistas.

Arte islâmica

A Península Arábica foi o berço da arte islâmica, que se difundiu por meio das conquistas na Pérsia, no Egito, na Índia, no norte da África e também na Península Ibérica. Trata-se de uma arte que foi marcada pela arquitetura – com o nascimento da mesquita, do arco em forma de ferradura e do minarete.

A arte islâmica é essencialmente decorativa; condicionada pela religião, é uma representação da atividade espiritual. Seus desenhos são baseados em motivos geométricos e figurações abstratas, devido à proibição islâmica de representar imagem para adoração – a própria representação de Maomé é sempre mostrada com seu rosto coberto, a chama que o envolve significa iluminação. Isso apontou para novas soluções, e o lugar de destaque ficaria com a caligrafia – a arte de escrever de maneira elegante.

Ser calígrafo era importante: a reprodução das linhas floreadas da escrita árabe, retiradas do *Alcorão*, adquiriram alto valor decorativo. Além da caligrafia, os artistas empenhavam-se nas pinturas das iluminuras, nas joias, nos metais, nos azulejos, nas cerâmicas, nas pedras entalhadas e nos tecidos e tapetes estampados.

A arte ligada à religião não se abstraía da realidade nem procurava transcendê-la, mas apareceu com o sentido de embelezar a vida. Criou-se o arabesco, uma ornamentação rendilhada e sutil, que transformou as salas dos palácios e seus pátios em ambientes de alto requinte.

Os padrões da arte islâmica devem-se a Maomé, que desviou o espírito do artista – antes centrado nos objetos do mundo real – para um mundo de sonhos, linhas e cores.

Detalhe do teto do Palácio Topkapi, Istambul.

Arquitetura

A arquitetura islâmica fez de suas mesquitas um ambiente requintado dirigido não somente às orações mas também a se tornar um centro social e político da comunidade muçulmana.

Todo edifício islâmico de importância representava um oásis no deserto; cada um deles era fortemente guardado por grandes muros e internamente havia água abundante, além da variedade de plantas que decoravam os belos jardins. A arquitetura islâmica encontrou sua maior expressão nas construções de mesquitas e palácios, não desprezando as tumbas, os banhos públicos e as fontes.

No decorrer do século V até o XIV, a arquitetura adquiriu um estilo marcante, original, que soube reinterpretar as diversas influências recebidas durante seu processo de formação. Sob o domínio do Império Otomano, verificou-se uma síntese e um ecletismo de todas as experiências arquitetônicas pelas quais o império passou.

Arco islâmico

Nenhum outro estilo dispõe de uma variedade tão grande de tipos e formas de arco quanto o islâmico. A princípio, foi utilizado o arco de estilo romano, apoiado sobre colunas, mas rapidamente surgiu a criação do arco "quebrado", que se articulou em numerosas variantes. Cem anos depois das primeiras experiências, o arco islâmico – livremente apoiado sobre colunas, pilastras ou paredes – adquire liberdade, moldando-se um sobre o outro, até formar um vasto elenco de tipos que o diferencia dos outros estilos.

Algumas formas de arcos adaptados às mesquitas islâmicas.

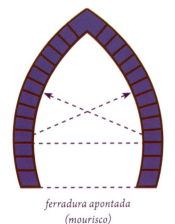

ferradura apontada (mourisco)

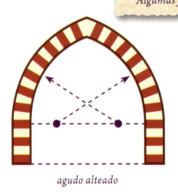

agudo alteado

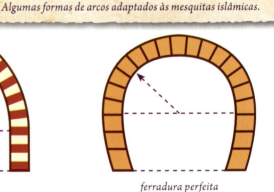

ferradura perfeita

Mesquita Hassan II, Casablanca, Marrocos.

Mesquitas

A potência do islã se manifesta nas dimensões e no esplendor das mesquitas, em virtude da forte religiosidade. Uma característica dos edifícios é que estão ligados ao solo; são construções baixas e somente os minaretes são elevados.

A mesquita representa três importantes valores da cultura muçulmana: a religiosidade, a sabedoria e o poder.

Para entender essa concepção religiosa, precisamos nos transportar para esse espaço arquitetônico, que foi assimilando estilos artísticos dos lugares conquistados e adaptando-os ecleticamente à própria cultura.

Na mesquita não há altares nem imagens, mas existem arabescos e caligrafia em toda a sua decoração, levando os fiéis à leitura – porque leitura também é prece, e essa é a razão de ser da mesquita.

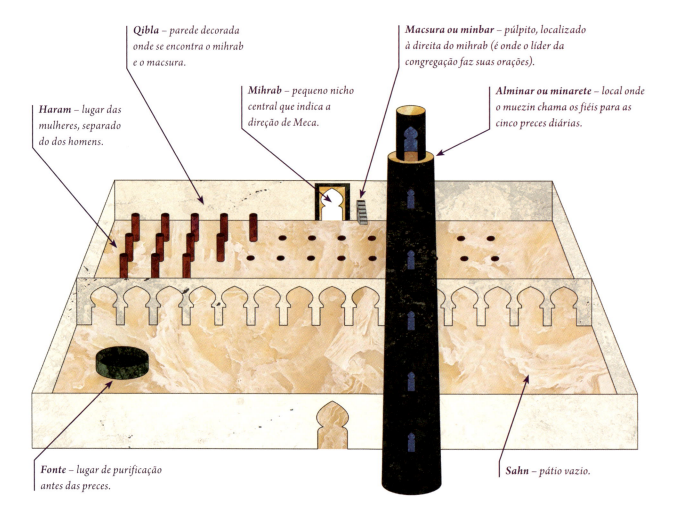

Qibla – parede decorada onde se encontra o mihrab e o macsura.

Macsura ou minbar – púlpito, localizado à direita do mihrab (é onde o líder da congregação faz suas orações).

Mihrab – pequeno nicho central que indica a direção de Meca.

Alminar ou minarete – local onde o muezin chama os fiéis para as cinco preces diárias.

Haram – lugar das mulheres, separado do dos homens.

Fonte – lugar de purificação antes das preces.

Sahn – pátio vazio.

14

Mesquita de Córdoba

A mesquita de Córdoba, na região da Andaluzia, na Espanha, é o local onde encontramos a maior diversidade de arcos, representando o poder do islã na Península Ibérica.

O edifício foi construído em 785 e evoluiu ao longo dos séculos, misturando muitas formas arquitetônicas.

No amplo espaço destinado à oração, a mesquita apresenta uma floresta de arcadas duplicadas, com uma segunda arcada sobre a primeira. Os arcos inferiores têm formato de ferradura, estilo tipicamente islâmico; o arco superior é sobreposto às colunas e visa eliminar a simplicidade, criando um ambiente místico e misterioso.

O conjunto de numerosas fileiras de arcos cria perspectivas sempre diferentes, que iludem os olhos; a cada passo, enxergamos de forma diferente a maneira como as colunas e os arcos parecem se cruzar. O esplêndido visual dessa arquitetura é realçado pela combinação de faixas de pedra alternadas com tijolos vermelhos foscos, já desbotados pelo tempo.

A Mesquita Azul

A Mesquita Azul é um dos monumentos mais conhecidos do mundo islâmico e foi construída para o sultão Ahmed I. Esse nome é decorrente da decoração em azulejos Iznik – basicamente azuis – que decoram todo o seu interior. É uma construção religiosa considerada um autêntico exemplar da arte clássica turca e é a única mesquita que foi construída originalmente com seis minaretes.

Edificada entre os anos 1609 e 1616, seu interior foi todo trabalhado com o esmero meticuloso de um verdadeiro joalheiro. O chão, como em todas as mesquitas, é todo acarpetado para receber seus fiéis descalços, em sinal de respeito.

As cúpulas semiesféricas foram baseadas no estilo bizantino; as primeiras em estilo islâmico foram desenvolvidas no Egito, porém, ao longo dos séculos, foram tomando diferentes formas. As cúpulas principais e laterais da Mesquita Azul se levantam sobre abóbadas ogivais, que são sustentadas por grossas colunas.

Na imagem abaixo, pode-se ver a suntuosidade e a imponência arquitetônica que a Mesquita Azul representa para o povo muçulmano. Situa-se junto ao antigo hipódromo romano, em frente à Basílica de Santa Sofia, local em que os edifícios junto ao Mar de Mármara proporcionam um belíssimo visual à cidade de Istambul, na Turquia.

Na imagem ao lado, podemos ver a parte interna da mesquita, cuja cúpula principal amplia-se em quatro lados por semicúpulas, que se levantam sobre abóbadas ogivais assentadas sobre colunas. As paredes são decoradas com mais de 20 mil azulejos Iznik (oficina de elaboração da refinada cerâmica pintada e vitrificada do período otomano), que forram o espaço e o dividem com as pinturas que estão acima dos azulejos, em toda a superfície superior das cúpulas. A cor da pintura original não era azul; a cor que predomina atualmente e que dá nome ao edifício foi empregada nas restaurações efetuadas depois de sua construção. Complementam a decoração as inscrições do *Alcorão* – que constituem exemplos da caligrafia árabe – e as 260 janelas, decoradas com vitrais coloridos importados de Veneza, que são transpassadas pela luz natural.

Minarete

A palavra minarete deriva do árabe, que significa "farol". Como o próprio farol que ilumina os barcos na navegação, o minarete emana o som da oração, conduzindo os muçulmanos ao caminho de Alá. Essa arquitetura foi baseada nas torres das igrejas cristãs, cuja finalidade é semelhante à dos minaretes: chamar os fiéis.

O minarete é incorporado à parede externa das mesquitas, sendo que algumas possuem uma ou mais torres. Cinco vezes ao dia, cabe ao muezim subir a torre e, pelos alto-falantes, chamar os muçulmanos para a oração.

Tanto no topo da torre quanto na cúpula, é comum vê-las decoradas com o símbolo da lua crescente.

Sabe-se que os habitantes do deserto viajavam à noite por ser mais fresco, e a lua iluminava seu caminho. O islamismo se apropria dessa simbologia; a lua que ilumina os viajantes também ilumina os seguidores de Alá na viagem da vida.

Este minarete pertence à mesquita de Al Lawatiya, em Omã. O edifício é um exemplo de arquitetura islâmica; cobertos com mosaicos na cor turquesa, o fuste e a cúpula são decorados com motivos florais estilizados e suas janelas são fechadas por arabescos. No topo da cúpula, destaca-se a meia-lua, símbolo do islã. Podemos ver os alto-falantes por onde emana o som do chamado para as orações.

Palácios

Os mouros eram povos que habitavam o norte da África. Quando chegaram ao sul da Espanha, construíram alcáçovas – castelos cercados de plataformas e palácios adornados por pátios, lagos e jardins, nos quais se fazia o magnífico uso de elementos como arcadas, trabalhos em estuque, caligrafias ornamentais e azulejos decorados. Esse estilo de arte ficou conhecido como arte mourisca.

Depois de 711, quando os mouros controlaram quase toda a Península Ibérica, criou-se o mais importante território muçulmano da Europa. Ali, localiza-se a Alhambra, um esplêndido exemplar da arquitetura mourisca em Granada, na Espanha. Trata-se de um rico complexo palaciano com uma fortaleza militar, conhecido como alcácer. Um dos monumentos mais grandiosos da história da arte mundial, sua construção teve início no século IX e se estendeu por quase oito séculos, quando o domínio árabe deixou sua marca entalhada nas paredes desse local.

O palácio de Alhambra serviu de residência aos reis nazaritas e seus serviçais. Uma rica decoração – com rendilhados em arabescos, mosaicos e azulejos coloridos – cobre as paredes, o teto e o chão. O jardim do palácio é um paraíso abençoado pela água, que corre por toda parte: nos pequenos canais, fontes e lagos. Um dos espaços de destaque do complexo é o Pátio dos Leões, que vemos na figura abaixo. Construído por Muhammad V, o pátio é ladeado por arcadas sustentadas por 124 colunas de mármore; no centro, uma fonte encontra-se apoiada em 12 leões, também de mármore.

Em 1492, os Reis Católicos conquistaram a cidade e construíram outro palácio. Empregaram trabalhadores mouros conhecedores de técnicas de edificação e decoração, criando um novo estilo chamado mudéjar, que é a junção dos elementos da arte cristã com a islâmica. Esse nome também foi empregado aos muçulmanos que permaneceram na Península Ibérica, sob o domínio dos cristãos.

O luxo do Palácio Topkapi

Algo a mais

Durante quase 400 anos, quando Istambul era a capital do Império Otomano, o Palácio Topkapi foi residência de 24 sultões, que ali viveram com suas famílias e empregados. Possui uma série de pavilhões, pátios e salas funcionais, que foram sendo construídas ao longo dos séculos, de acordo com as necessidades da vida diária de cada sultão que ali habitou. Dessa forma, quase todas as partes do palácio são consideradas monumentos, como se fossem várias obras de arte independentes umas das outras.

Hoje, trata-se de um exemplo típico da arquitetura civil otomana e é um dos maiores palácios-museu do mundo, com cerca de 86 mil objetos em exposição.

Sala do Harém

A palavra harém significa "a mansão das mulheres", na tradição muçulmana.

O harém do Palácio Topkapi consiste em 400 quartos, situados ao redor de pequenos pátios ocultos com corredores longos e estreitos. O recinto alojava a mãe do sultão, suas irmãs e filhas, bem como as concubinas – mulheres escravas arrebanhadas nos cantos mais longínquos do Império Otomano.

Havia uma parte do palácio destinada a elas: mais de mil concubinas dividiam esse espaço. O sonho de cada uma delas era tornar-se a favorita do sultão e lhe dar um filho homem, o que, em algumas ocasiões, levava ao casamento. A competição era acirrada; muitas dessas mulheres viveram no harém até 1909.

O palácio era protegido por altas e espessas muralhas, além de uma guarda de eunucos – jovens escravos que eram castrados pelos médicos do palácio. A eles cabia vigiar o harém e faziam também as funções dos superintendentes, constituindo o corpo de criados da família imperial.

Todos os aposentos eram ricamente decorados, como podemos ver na imagem ao lado. A fonte, no harém, encontra-se instalada em uma parede revestida de belíssimos azulejos, emoldurada com um friso dourado e ornamentada com elementos caligráficos e arabescos.

Artes decorativas

A decoração elaborada, típica dos palácios árabes (como o Alhambra), é feita de estuque. Os artesãos esculpiram esse tipo de argamassa em padrões artísticos semelhantes à renda, que se repetem várias vezes. Alguns arcos ornamentais se parecem com estalactites organizadas em perfeita simetria. Outra característica é o azulejo brilhante, cortado e montado em complexas formas geométricas, formando um mosaico colorido.

Arabescos

Arabescos são desenhos baseados em motivos vegetais, geométricos e epigráficos; repetem-se inúmeras vezes e entrelaçam-se, criando uma imensa variedade de formas.

Motivo geométrico – entrelaçado que une figuras geométricas elaboradas, como o polígono entrelaçado. Pode abrigar desenhos estilizados de folhagens e frutos cobrindo a superfície.

Motivo vegetal – da economia agrícola veio o gosto pelas formas vegetais; foi a primeira forma de arabesco e se manifestou livremente nas artes menores (objetos artísticos com função utilitária).

Motivo epigráfico – grafia decorativa usada para ornamentar os edifícios sagrados com versículos do *Alcorão*. Pode ser trabalhada com faixas alternadas de elementos vegetais estilizados e elementos geométricos.

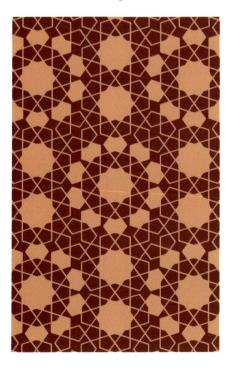

Coluna em estilo mourisco, Alhambra, Espanha.

Na imagem ao lado, podemos observar uma parede e uma coluna com decoração elaborada a partir de arabescos. Fica evidente a mistura dos três motivos, que formam um rendilhado rico em detalhes, sobrepondo-se uns aos outros e formando camadas decorativas que a vista demora a percorrer.

A coluna califal é um novo estilo artístico nascido na região da Andaluzia, em que há uma combinação do capitel composto com o coríntio, esculpida com delicadeza e requinte na conjunção dos motivos.

Muqarna é um tipo de decoração, originária da arquitetura islâmica, composta por um intrincado jogo de pirâmides invertidas que lembram estalactites. Dispostas em diferentes níveis, enfileiradas umas sobre as outras, seus pequenos alvéolos e saliências formam arcos que pendem do alto.

Construída em tijolos, pedra, estuque ou madeira, a *muqarna* pode ser revestida com azulejos ou pintada. Normalmente é aplicada em cúpulas, pórticos, nichos e capitéis.

À direita, entrada da Mesquita Azul, e abaixo, coluna interior da Mesquita Azul, Istambul.

Cerâmica

A cerâmica islâmica foi para os muçulmanos um dos maiores meios de expressão artística. Trata-se da síntese das experiências egípcia, chinesa e mesopotâmica, desenvolvendo sobre elas novas técnicas e criando formas elaboradas e requintadas, que são valorizadas até os dias de hoje.

Os muçulmanos fizeram uso da cor na arquitetura como nenhum outro povo, revestindo os edifícios com cerâmicas vitrificadas, conhecidas como azulejos, estampadas com uma variedade de padrões.

Eram três os estilos principais na decoração dos azulejos: o arabesco caligráfico, o floral e o geométrico. Eles se combinavam na forma de mosaico, em que eram utilizadas pequenas peças de diferentes ladrilhos agrupadas, criando um modelo. Eram utilizados também azulejos inteiros cujo desenho e o próprio colorido formavam uma composição mais ampla.

No final do século XV, Iznik foi escolhida como centro de produção ceramista. A cerâmica turca de Iznik teve seu auge no período otomano; a qualidade dos azulejos e a primazia do desenho fizeram dela referência para a cerâmica de vários lugares do mundo. Não só azulejos mas também vasos, tigelas, lampadários e pratos eram feitos dessa argila.

Observe abaixo algumas padronagens criadas no período. Hoje elas são modelo para os diversos objetos que a Turquia oferece a seus turistas.

Coleção de azulejos turcos do harém do Palácio Topkapi, Istambul, Turquia.

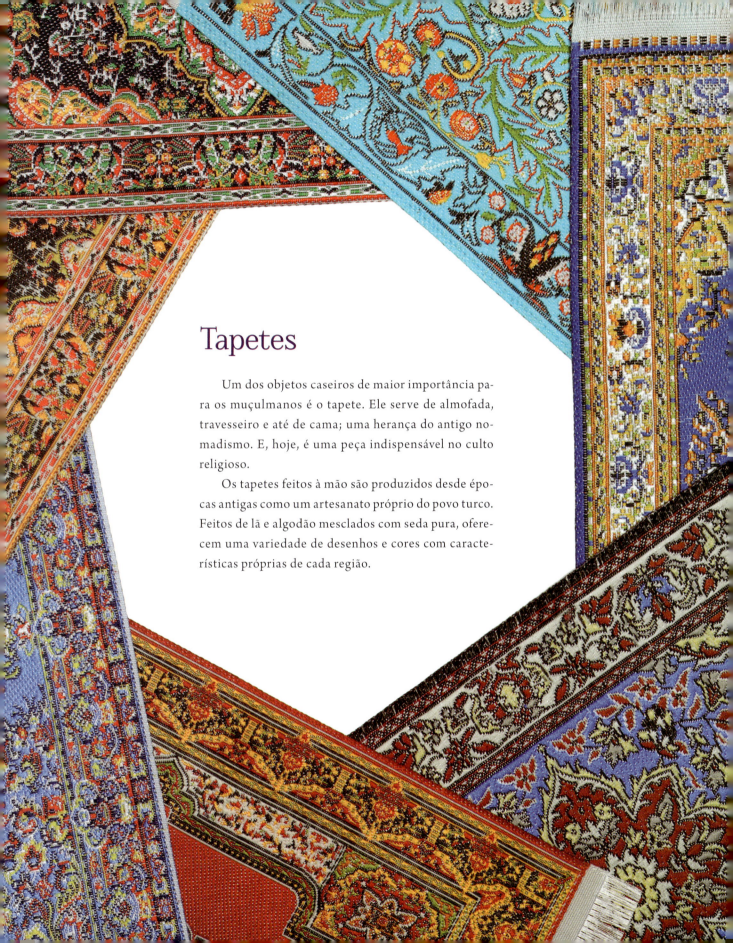

Tapetes

Um dos objetos caseiros de maior importância para os muçulmanos é o tapete. Ele serve de almofada, travesseiro e até de cama; uma herança do antigo nomadismo. E, hoje, é uma peça indispensável no culto religioso.

Os tapetes feitos à mão são produzidos desde épocas antigas como um artesanato próprio do povo turco. Feitos de lã e algodão mesclados com seda pura, oferecem uma variedade de desenhos e cores com características próprias de cada região.

Caligrafia

Bem antes de se tornarem uma nação islâmica, os árabes reconheciam o poder e a beleza das palavras. A poesia, por exemplo, era uma parte essencial da vida cotidiana e as habilidades linguísticas eram exibidas na literatura e na caligrafia.

A caligrafia era a expressão suprema das artes islâmicas. Além disso, como Deus teria se comunicado em árabe, por intermédio do anjo Gabriel, e suas palavras teriam sido escritas, pela primeira vez, em árabe, a língua desse povo foi considerada tesouro inestimável por todos os muçulmanos. Somente a partir de seu entendimento, os homens poderiam esperar compreender o pensamento de Deus.

Essa era a missão mais importante do islamismo, a de conservar e transmitir esse tesouro tão precioso, fazendo-o com toda a habilidade de que eram capazes. A caligrafia primava pela perfeição, pois representava a materialização da palavra de Deus.

Os muçulmanos condenavam a idolatria das imagens – como os iconoclastas bizantinos – e proibiram a veneração de ídolos, especialmente estátuas. A palavra era fortalecida no imaginário islâmico a partir dos trechos do *Alcorão*, usados como decoração não figurativa nas mesquitas, em residências e em objetos. Tais trechos possuíam o mesmo poder persuasivo que tinham as imagens nas igrejas cristãs. A reverência à palavra ocupava lugar central no universo estético dos muçulmanos.

A escrita era feita com ritmo, como se suas formas sugerissem sons; pode-se até chamá-la de poesia visual, a harmonia encarna no conteúdo e forma a mensagem divina. A mensagem enviada por Deus encontrou na mesquita seu lugar natural.

A caligrafia árabe também é utilizada para fazer desenhos e composições artísticas em que o calígrafo deverá mostrar grande habilidade, ela tende a reproduzir as mensagens que o espectador já conhece.

Dentro dessas composições caligráficas, a *tughra* é a assinatura estilizada e usada em documentos oficiais pelos sultões otomanos. As *tughras* funcionavam como um brasão, a assinatura não representava apenas o nome do sultão mas também carregava uma característica que o definia.

Na *tughra* abaixo, que pertence a Mahmud II, o texto em árabe diz: "Mahmud *Khan*, filho de Abd ul-Hamid, sempre vitorioso".

Tughra *do sultão Mahmud II, Império Otomano.*

26

O ofício de calígrafo

Os instrumentos típicos do ofício de calígrafo eram o cálamo (feito de junco) e um tinteiro. O cálamo, ainda hoje, é um instrumento importantíssimo para o verdadeiro calígrafo, que anteriormente deveria sentar-se no chão e escrever sobre os joelhos ou sobre mesa baixa. Um escriba versátil precisava de diferentes cálamos, a fim de alcançar os diferentes graus de delicadeza. Essa escrita exigia a retenção da respiração para que o traço não saísse tremido.

O papel foi introduzido em 751 d.C., vindo da China, e foi um marco decisivo na arte da escrita. Feito de algodão e, algumas vezes, de seda ou outras fibras – exceto madeira –, era polido com uma pedra lisa, como a ágata ou o jade, antes que o calígrafo começasse a escrever. Linhas de orientação quase invisíveis eram traçadas com uma ponta, e as letras ficavam sobre essas linhas.

Uma vez pronta, a composição caligráfica podia ser copiada de tempos em tempos pelos mestres dos mais diferentes lugares. Como em muitas artes tradicionais, dava-se menos importância às inovações e mais à imitação dos grandes mestres, tanto contemporâneos quanto antigos. Apesar disso, alguns mestres foram notáveis inovadores.

Eram utilizadas tintas de muitas cores, incluindo o preto, o marrom, o amarelo, o vermelho, o azul, o branco, o prata e o ouro. O preto e o marrom eram as cores mais frequentemente usadas porque sua intensidade e consistência permitiam variações. A preparação da tinta era muito demorada e envolvia complicados processos químicos; alguns calígrafos davam instruções de como preparar as tintas, mas outros guardavam em segredo suas receitas.

As cores nos levam a uma leitura cromática não apenas decorativa, mas funcional. O calígrafo, por meio da palavra colorida, era capaz de reter o olhar e o sentido: a cor azul evocava o céu; o dourado, o paraíso; nos sinais em vermelho, aumentava-se a voz; e os em verde determinavam a pausa.

Na imagem, vemos os cálamos, instrumentos para a escrita manual árabe, feitos com talos de junco cortados obliquamente e afiados na extremidade. São utilizados para escrever em papiros e pergaminhos.

O corte da ponta varia de tamanho, o que determina a espessura do traço das letras.

27

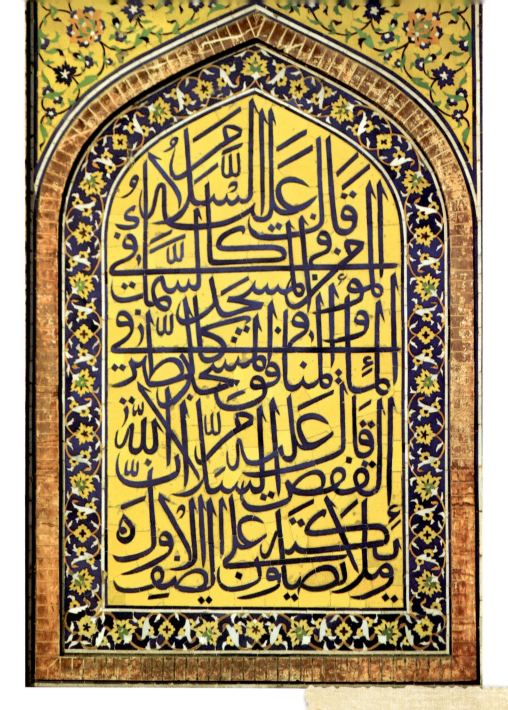

Padrões caligráficos muçulmanos da mesquita de Wazir Khan, Paquistão.

A mesquita Wazir Khan, em Lahore, no Paquistão, é famosa por sua decoração em azulejos de faiança. Foi construída em torno de 1634-1635 d.C.

A fachada do santuário encontra-se praticamente coberta com azulejos coloridos e dividida em painéis retangulares com a parte superior em forma de arco. A decoração floral emoldura as inscrições, retiradas do *Alcorão*, e o reboco externo apresenta coloração de um vermelho indiano.

Iluminuras, um complemento da palavra escrita

O mundo islâmico valorizou muito a arte da caligrafia, e com isso nasceu o gosto pelos livros e pelas iluminuras. Apesar da proibição religiosa das imagens, o *Alcorão* era ilustrado com ornamentações geométricas e não figurativas.

Graças aos artistas de outras religiões, a pintura ganhou aspecto mais rico e a arte islâmica apresentou fortes influências orientais. Os manuscritos ilustrados se restringiam à elite e traziam temas épicos, que celebravam as glórias do império, além de temas pitorescos e animados do dia a dia, lutas e cenas de caça. Toda a trajetória da pintura muçulmana se reflete nos manuscritos por meio da influência de elementos persas, hindus, mongóis e chineses. Apesar das interdições, a partir do século VIII seres inanimados, figuração de animais e mesmo de pessoas acabaram por integrar o universo árabe-islâmico.

Alexandre, o Grande, em conversa com sábios e estudiosos.

A ilustração é de um manuscrito persa, feito na Idade Média ou posterior.

A lenda de Alexandre, o Grande, (356-323 a.C.) foi recontada continuamente na arte islâmica, da literatura do sul da Rússia até as portas da Índia, muitas vezes sob o nome de Iskandar.

Observe que a composição é equilibrada, porém a perspectiva do desenho é incorreta. Os tapetes não acompanham as linhas das grades, dando a sensação de flutuarem. As figuras apresentam um intenso colorido, que disfarça a desproporcionalidade entre elas.

Não apenas os fundamentos religiosos faziam parte da literatura muçulmana mas também as novelas curtas e narrações de *As mil e uma noites*. Temas de amor sensual, como na imagem que vemos abaixo, têm sua origem não definida, provavelmente entre Espanha ou Marrocos.

Escrita em árabe, a novela foi criada provavelmente no Mediterrâneo Oriental. Trata-se do relato do amor entre Bayad – que possuía dotes de poeta e era filho de um comerciante de Damasco – pela nobre dama Riyad. A trama apresenta resistências familiares, separações forçadas e trocas de carta de amor, culminando em um amor platônico e na renúncia da união física.

A iluminura se caracteriza por sua elegância singularmente ornamental; datada do século XIII, encontra-se na Biblioteca do Vaticano, em Roma.

As formas arquitetônicas e os jardins denotam um ambiente palaciano.

Bayad canta acompanhado de um alaúde e deixa encantadas a sua dama e as donzelas nobres.

Miniatura da história de Bayad e Riyad, Biblioteca do Vaticano, Roma.

Riyad veste um chapéu parecido com uma coroa, que a destaca das outras donzelas.

As roupas refletem o colorido da época e a vida cotidiana de diversas regiões orientais.

A gestualidade das figuras representa uma elegância refinada, própria de um cerimonial cortesão.

Louvre e as maravilhas da arte islâmica

Algo a mais

Assim como a pirâmide de vidro levantou grande polêmica em sua inauguração, uma nova e radical construção arquitetônica instalada no espaço do Museu do Louvre mudou a paisagem visual parisiense.

Projetada para abrigar uma exposição sobre a arte islâmica, essa construção foi alojada no pátio Visconti, no meio da ala sul, e chama a atenção por seu telhado dourado e ondulante – que pesa 130 toneladas e conta com quase 9 mil tubos de aço, desenhando uma teia interior coberta com uma camada de vidro. A ondulação varia desde a altura da cintura de um adulto até sete metros de altura no centro, parecendo flutuar como um tapete voador.

O projeto do telhado coube aos arquitetos Mario Bellini e Rudy Ricciotti; levou dez anos para ser construído e custou 125 milhões de dólares – dessa quantia, 20 milhões de dólares foram doados por um príncipe da Arábia Saudita.

Inauguradas em 22 de setembro de 2012, as novas galerias instaladas no subsolo abrigam uma coleção com obras que vão do século VII ao XIX, um período de mais de 1.200 anos. Encontram-se expostos artefatos em vidro, cerâmicas, metais, livros, manuscritos, tecidos e tapetes. Muitos desses objetos já faziam parte do acervo do Louvre, entre eles um conjunto de 3 mil azulejos da época do Império Otomano, que estavam guardados em seus depósitos.

A abertura desse espaço trouxe – não só para o público francês mas para todo aquele que o visita – a oportunidade de estar diante da magnífica arte islâmica.

BIBLIOGRAFIA

ABRIL CULTURAL. *Arte nos séculos – volume II*. São Paulo: Editora Victor Civita, 1969.

AYYILDIZ, Ugur. *Estambul*. Turquia: NET Turistik Yayinlar A.S., 2009.

BARGALLÓ, Eva. *Atlas básico da História da Arte*. São Paulo: Escala Educacional, 2008.

DELIUS, Peter; HATTSTEIN, Markus. *Islam – Arte y Arquitectura*. Barcelona: H. F. Ullmann, 2012.

DOKMEN, Halil. *O Palácio de Topkapi*. Istambul: MERT Basim Yayincilik Dagitim ve Reklamcilik Tic. Ltd Sti, 2005.

GIBSON, Clare. *Como compreender símbolos – Guia rápido sobre simbologia nas artes*. São Paulo: Senac, 2012.

GLANCEY, Jonathan. *A História da Arquitetura*. São Paulo: Edições Loyola, 2007.

GOITIA, Fernando Chueca. *História Geral da Arte – Arquitetura I*. Espanha: Ediciones del Prado, 1995.

GOMBRICH, E. H. *A História da Arte*. Rio de Janeiro: Guanabara Koogan S.A., 1993.

HANANIA, Aida Ramezá. *A caligrafia árabe*. São Paulo: Martins Fontes, 1999.

HAUSEN, Arnoud. *História social da Literatura e da Arte*. São Paulo: Mestre Jou, 1972.

KAMEL, Ali. *Sobre o islã*. São Paulo: Nova Fronteira, 2007.

LOPERA, Alvarez José; ANDRADE, José Manuel Pita. *História Geral da Arte – pintura I*. Espanha: Ediciones del Prado, 1995.

MANDEL, Gabriele. *Como reconhecer a arte islâmica*. Lisboa: Amagraf, 1978.

PRETTE, Maria Carla. *Para entender a arte*. São Paulo: Editora Globo, 2009.

ROBINSON, Francis. *O mundo islâmico: o esplendor de uma fé*. Barcelona: Folio, 2007.

WALTHER, Ingo F.; WOLF, Norbert. *Obras Maestras de la Iluminación*. Barcelona: Taschen GmbH, 2003.

SITES PESQUISADOS:

Arte islâmica. Disponível em: <https://www.youtube.com/watch?v=AYgqemerf38> e <https://www.youtube.com/watch?v=saQSFketjN8>. Acesso em: 03/07/13.

A história das religiões – Islamismo. Disponível em: <https://www.youtube.com/watch?v=xvXTokzf_TY> e <https://www.youtube.com/watch?v=HSTQGdZiuok>. Acesso em: 03/07/13.